Der Mensch ist ein komplexes Wesen.
Jede Ebene, die verletzt oder belastet ist,
bedarf der Heilung.

Die fremdenergetische Reinigung
und die Heilung des
feinstofflichen Energiesystems
durch die Engel leistet dazu
einen wesentlichen Beitrag.

Fremdenergie

**Die umfassende Analyse
und Lösung
fremdenergetischer Probleme**

Lutz Michael Hellwig

 tredition®

© 2018 Lutz Michael Hellwig
Umschlag, Illustration:
Lutz Michael Hellwig
Lektorat, Korrektorat: Petra Heinrich

ISBN
Paperback ISBN 978-3-7469-3166-1
Hardcover ISBN 978-3-7469-3167-8
e-Book   ISBN 978-3-7469-3168-5

Verlag
tredition GmbH
Halenreie 40-44
22359 Hamburg

Dieses Buch dient der Information über eine Methode energetischer Arbeit. Wer sie anwendet, tut dies in eigener Verantwortung. Es ersetzt keinesfalls die fachliche Beratung durch einen Arzt oder Apotheker.

Inhaltsverzeichnis

Anmerkungen

Liebe Leserin, lieber Leser!

Ich habe mich entschieden, dieses Buch in der Du-Form zu schreiben.
Das ist persönlicher und schafft mehr Nähe und Vertrauen.

Ich habe großen Respekt davor, dass Du Dich mit dem Thema Fremdenergie auseinandersetzt. Es erfordert Mut und die Bereitschaft sich mit den Schattenseiten des Lebens zu konfrontieren.

Dieses Buch hilft Dir dabei fremdenergetische Probleme bei Dir und Deinen Mitmenschen zu verstehen. Es gibt Dir kraftvolle Werkzeuge in die Hand um sie zu lösen.

Wenn Du Dich über dieses Thema nur informieren, die Austestung und Reinigung aber lieber in professionelle Hände legen willst, dann Du kannst Du Dich gerne an mich wenden.
Eine Kontakt-Adresse findest Du am Ende des Buches.

Ich verwende in diesem Buch die Begriffe Patient, Patienten und Klient, Klienten in der männlichen Form.

Durchgängig die Paarform Patientin, Patient, Patientinnen, Patienten etc. anzuwenden würde es sehr erschweren, den Text flüssig und lesefreundlich zu gestalten.

Selbstverständlich sind mit diesen Begriffen Frauen und Männer gleichermaßen gemeint.

Du kannst die Gebete für Dich und für andere Menschen verwenden.

An Stellen, die mit ... gekennzeichnet sind, setzt Du den Namen der Person, für die Du das Gebet sprichst, ein. Wenn Du es für Dich selber sprichst, setzt Du "mir" bzw. "mich" ein.

Ich lege sehr großen Wert auf präzise Formulierungen und teste sie gegebenenfalls auch kinesiologisch aus.

Selbstverständlich darfst Du Formulierungen aber ändern, wenn es Dir stimmiger vorkommt.

Das Thema Fremdenergie ist komplex. Ich habe mich bemüht, diesem Buch eine übersichtliche Struktur zu geben, um die Suche über das Inhaltsverzeichnis zu erleichtern. Dadurch sind bei manchen

Themen Wiederholungen oder Überschnei-
dungen unvermeidbar.

Gebet für dieses Buch

Ich habe eine Bitte an Dich:

Bevor Du beginnst, dieses Buch zu lesen und damit zu arbeiten, sprich bitte laut dieses Gebet.
Die Erklärung, warum das notwendig ist, findest Du in dem Kapitel "Manipulationen an Büchern, Flyern und Webseiten".

Lieber Erzengel Michael
und liebe Heerscharen von Engeln

Bitte reinigt dieses Buch von allen fremden, schwarzen und negativen Energien
und transformiert und entsorgt diese nach Eurem Ermessen.
Möge dieses Buch meinem höchsten Wohl dienen.

Danke, danke, danke

Amen, Amen, Amen

Vorgeschichte

Ich arbeite seit fast 32 Jahren als Heilpraktiker.

Zu gerne hätte ich Dir erzählt, was für ein toller Therapeut ich bin, erfolgsverwöhnt und mit einer vollen Praxis.

Aber so ist es nicht.

Gerade am Anfang meiner Laufbahn war ich oft frustriert von den Ergebnissen meiner Heilkunde.

Mal konnte ich den Patienten helfen, mal nicht. Deswegen hatte ich viele schlaflose Nächte.

Es beschlich mich das Gefühl, ich habe eine schwammige Diagnose, eine schwammige Therapie und ein schwammiges Ergebnis.

Mein Weg begann mit der traditionellen deutschen Naturheilkunde, der Phytotherapie, Homoöpathie, Chiropraktik, Akupunktur und vielem mehr.

Ich habe immer wieder neue Methoden ausprobiert und mich so einmal quer durch die Naturheilkunde gearbeitet.

Immer wieder glaubte ich, den Stein der Weisen gefunden zu haben, nur um dann wieder an die Grenzen der jeweiligen Therapie zu stoßen.

Eine ganz grundlegende Veränderung gab es dann in den neunziger Jahren durch meine Ausbildung in Neural-Kinesiologie

und Psycho-Kinesiologie bei
Dr. Dietrich Klinghardt.

Endlich hatte ich mit der Kinesiologie ein Werkzeug gefunden, mit dem ich ganz präzise austesten und zielgerichtet handeln konnte.

Ich lernte schnell, mit dem kinesiologischen Selbsttest zu arbeiten, und war daher nicht mehr auf einen Partner angewiesen.

Ein weiteres Element, mit dem ich gut vorwärtskam, war die familiensystemische Arbeit nach Bert Hellinger.

Bei der Psycho-Kinesiologie-Ausbildung (im folgenden PK genannt), gab es zum ersten Mal das Thema Besetzungen durch Seelen Verstorbener und wie man sie löst.

Doch es dauerte nicht lange und das altbekannte Gefühl "Das reicht nicht, da muss noch mehr dahinter sein", stellte sich wieder ein.

Ich begann mithilfe des kinesiologischen Selbsttests Fragen in alle möglichen Richtungen zu stellen.

Später habe ich diese Vorgehensweise "Rasterfahndung" genannt.

Langsam begann ich zu ahnen, wie ungeheuer komplex der Mensch ist.

Die Zelle mit ihrem genetischen Code, die Organe und Organsysteme, die Biochemie des Körpers, die Chakren, die

Energiekörper, die Seelenaspekte auf mehreren Ebenen, der Traumkörper als fast schon eigenständiges Wesen (von Carlos Castaneda (1) "der Doppelgänger" genannt), familiensystemische Zusammenhänge, karmische Bezüge und vieles mehr machen den Menschen erst zu dem, was er ist.

Mich interessierte alles, insbesondere natürlich auch die energetischen Hintergründe von körperlichen Krankheiten und seelischen Konflikten.

Ich fing an zu begreifen, dass viele Themen gar nicht zu der betroffenen Person gehören, sondern irgendwie von außen in ihr Energiesystem eingedrungen sind.

Je mehr ich forschte, desto größer und vielschichtiger wurde der Bereich, den ich heute Fremdenergie nenne.

Seit nunmehr über 20 Jahren beschäftige ich mich mit diesem Gebiet und habe heute einen profunden Überblick, um den größten Teil fremdenergetischer Probleme beschreiben und lösen zu können.

In den letzten Jahren ist durchaus einiges zu diesem Thema publiziert worden, jedoch empfinde ich das nicht als befriedigend. Oft geht es nur um ein Teilgebiet, wie zum Beispiel um Seelenbesetzungen, Reptilien oder Implantate, doch kein Werk setzt sich umfassend mit Fremdenergie auseinander.

Meine Erfahrung ist jedoch folgende: Nur wenn alle fremdenergetischen Beeinflussungen auf allen Seinsebenen auf einmal bereinigt werden, erreiche ich einen durchschlagend positiven Effekt.

Daher habe ich mich entschlossen, meine Erfahrungen in diesem Buch zusammenzufassen.

Möge es Dir helfen, Dich von allen fremdenergetischen Beeinflussungen zu befreien.

Möge es Dir helfen, Dein Leben souverän und selbstbestimmt zu gestalten.

Dießen am Ammersee im Mai 2018

Was ist Fremdenergie?

Fremdenergie ist alles, was in Dein Energiesystem eingedrungen ist, aber nicht zu Dir gehört.

Es handelt sich dabei um verschiedene Klassen von Wesenheiten, um unterschiedliche Energieformen, um unbewusste oder auch bewusste zielgerichtete Manipulationen und nicht zuletzt um die zahlreichen daraus resultierenden Verletzungen und Blockaden im feinstofflichen Energiesystem.

Die wichtigsten Wesenheiten sind Seelen Verstorbener, Tierseelen, Reptilien, Dämonen, Teufel, Schlangenwesen und Naturwesen.

Zu den Energieformen zählen z.B. unerlöste Energien von unseren Mitmenschen, manipulative Quantenfelder, Implantate, Fremdkörper, schwarze Magie, Flüche und Verwünschungen.

Ein nicht unerheblicher Teil fremdenergetische Probleme stammt aus früheren Leben, dazu gehören z.B. Gelübde, Eide und Versprechungen.

Viele fremdenergetische Beeinflussungen verursachen Verletzungen im feinstofflichen Energiesystem, wie zum Beispiel in den Chakren und den Energiekörpern.

Des Weiteren finden sich fast immer abgespaltene Seelenanteile und das auch wieder auf verschiedenen Ebenen.

Einen Teil der Belastungen verursachen wir aber auch selbst. Dazu gehören Elementale, negative Erinnerungsspeicher, karmische Belastungen durch Verletzungen von Mitmenschen oder auch Verletzungen von Mutter Erde.

Ein weiteres Thema sind fremdenergetische Beeinflussungen an Deinem Wohnort und an Deinem Arbeitsplatz.

In den folgenden Kapiteln werde ich auf jedes einzelne Thema genau eingehen.

Die Menschen sind hochgradig fremdbestimmt

Es wäre ein Quantensprung in der Evolution der Menschheit, wenn sie erkennen würde, wie sehr Fremdenergie das Leben beeinflusst. Über 98 % der Menschen haben fremdenergetische Belastungen.

Du kannst Fremdenergie nicht sehen, Du kannst sie nicht riechen, sie ist nicht wissenschaftlich beweisbar und dennoch ist sie allgegenwärtig und durchdringt alle Lebensbereiche.

Wir kennen alle die unzähligen Konflikte im persönlichen und familiären Bereich. Psychische Krankheiten und antisoziale Verhaltensweisen bis hin zu Amokläufen greifen um sich.

Mobbing in Schulen, Universitäten und Firmen ist ein großes Thema unserer Zeit und zerstört einen erheblichen Teil unserer kreativen Ressourcen.

Nationale und internationale Konflikte kosten abertausende von Menschenleben und dazu kommt noch der weltweite Terrorismus, der sich wie ein Geschwür auf der Erde ausbreitet.

Wir beobachten kopfschüttelnd und verständnislos das Geschehen und stellen die immer gleiche Frage: "Warum?" Meistens verbunden mit der Feststellung: "Es könnte doch so schön sein, auf unserer wunderbaren Erde."

Kaum jemand ahnt, dass Fremdenergien bei all diesen Fehlentwicklungen eine maßgebliche Rolle spielen.

Warum das so ist, werden wir uns in diesem Buch genau anschauen.

Wenn wir lernen könnten, unser Energiesystem und das unserer Mitmenschen zu reinigen und rein zu halten, hätten wir einen riesigen Schritt vorwärts getan.

Es wäre ein Segen, wenn die Patienten in psychiatrischen Kliniken von Fremdenergie gereinigt wären. Jede weitere Therapie würde viel besser greifen.

Ich möchte an dieser Stelle aber darauf hinweisen, dass wir keine fremdenergetische Reinigung ohne die ausdrückliche Erlaubnis des Patienten machen dürfen! Bei Kindern bis zur Volljährigkeit entscheiden die Eltern.

Wie es sich anfühlt, sich selbst zu gehören

Du wachst morgens auf und fühlst Dich klar im Kopf. Ein paarmal atmest Du noch durch, um die Stimmung der Nacht ganz loszulassen und im Tagbewusstsein anzukommen.

Dein Atem fließt frei und Du fühlst Dich leicht.

Du möchtest heute bestimmte Aufgaben erledigen und in Dir formt sich langsam ein Plan, wie Du Deinen Tag gestalten möchtest.

Du weißt, da sind einige Herausforderungen mit dabei, die Du vielleicht nicht so gerne erledigst, aber Du bist guter Dinge, dass Du es schaffen wirst.

Du denkst an die Menschen, mit denen Du Dich heute treffen wirst, sei es privat oder um mit ihnen gemeinsame Projekte umzusetzen. Vielleicht spürst Du sogar, wie es ihnen geht und wo Du heute besonders umsichtig sein solltest.

Du nimmst die Stimmungen Deiner Mitmenschen wahr, lässt Dich von ihnen aber nicht aus der Ruhe bringen.

Möglicherweise hast Du seelische oder körperliche Probleme oder zwischenmenschliche Differenzen. Du kannst sie aber klar erkennen und Du bist zuversichtlich, dass sich gute Lösungen finden werden.

Woher nimmst Du nur Deinen Optimismus?

Es ist einfach dieses angenehme Gefühl *Ich bin ich selber, ich kann mich gut spüren und es fühlt sich ruhig und friedlich an.*

Fiktion?

Nein, so fühlt es sich an, wenn Du frei von Fremdenergie bist.

Wer ist besonders von Fremdenergie betroffen?

Zwei Fragen werden mir besonders häufig gestellt:
- Warum gerade ich?
- Wie kann ich mich schützen?

So berechtigt diese Fragen auch sind, ist es gar nicht so leicht, sie zu beantworten.

Grundsätzlich kann jeder von Fremdenergie affektiert sein. Für mich ist es eine Rarität, jemandem zu begegnen, der ein vollkommen reines Energiesystem hat.

Zwei Gruppen sind jedoch besonders herauszustellen, die merkwürdigerweise diametral entgegengesetzt scheinen.

Zu der ersten Gruppe gehören Menschen, die seelisch und / oder karmisch besonders belastet sind.

Menschen, die Drogenprobleme haben, sind ebenfalls anfällig, besonders Alkohol öffnet Tür und Tor für Seelenbesetzungen und dunkle Wesen.

Besonders aufmerksam müssen wir bei Patienten sein, die Operationen und Narkosen hinter sich haben. Während einer Narkose ist der Patient völlig "abgeschaltet" und wehrlos, ganz besonders, wenn es eine lang andauernde Operation ist. Da können sich sehr leicht Besetzungen einschleichen.

Wann immer es möglich ist, bitte ich schon vor der Operation um Begleitung und Schutz und mache danach eine Kontrolle.

Die zweite Gruppe sind Personen, bei denen man auf den ersten Blick fremdenergetische Probleme gar nicht vermuten würde, nämlich Therapeuten, Schamanen und Heiler.

Warum ist das so? Zum einen bringen die Patienten viele unerlöste Energien in die Praxis mit und die Behandler achten nicht ausreichend auf Schutz und Reinigung.

Zum anderen versuchen dunkle Wesen diese Menschen an ihrem spirituellen Wachstum zu hindern! Sie wissen schon wo ein Mensch sich hin entwickeln möchte, lange bevor er es selber weiß und boykottieren ihn bereits in einem möglichst frühen Stadium.

Weitere Informationen zu diesen Wesen findest Du in dem Kapitel "Reptilien, Dämonen und teuflische Wesen".

Anwendungsbereiche

Ich arbeite für Menschen jeden Alters, aus allen sozialen Schichten und mit den verschiedensten Problemen. Besonders für Kinder ist eine fremdenergetische Reinigung sehr segensreich. Ich versuche dann immer die ganze Familie mit ins Boot zu holen, da es natürlich am besten ist, wenn auch Eltern und Geschwister energetisch gereinigt sind.

Oft schicken Therapeuten aus allen möglichen Fachrichtungen, die meine Arbeit kennen, Patienten zu mir. Sie berichten unisono, dass ihre Therapien nach der fremdenergetischen Reinigung wieder besser greifen.

Zunehmend wenden sich aber auch Firmeninhaber an mich, vom Ein-Mann- oder Eine-Frau-Betrieb bis hin zu mittelständischen Unternehmen. Oft sind die Mitarbeiter und das Gebäude stark mit Fremdenenergie belastet. Hinzukommen immer häufiger schwarzmagische Angriffe durch die Konkurrenz.

Immobilienmakler arbeiten mit mir zusammen, wenn sie Schwierigkeiten haben, ein Objekt zu verkaufen oder zu vermieten.

Ein ganz dankbares Gebiet sind Ereignisse wie zum Beispiel Gerichtsverhandlungen,

Notartermine, Vorstellungsgespräche oder die Besprechung bei der Bank. Kinder unterstütze ich bei Schulaufgaben. Es geht dabei nicht darum, einseitig Partei zu ergreifen, sondern allen Beteiligten zu helfen, das bestmögliche Ergebnis zu erzielen.

Die Engel

Als ich Anfang der neunziger Jahre durch schwere schwarzmagische Angriffe das erste Mal bewusst mit Fremdenergie konfrontiert wurde (in Wirklichkeit verfolgt mich das Thema schon wesentlich länger), hatte ich keine Ahnung wie mir geschah.

Damals gab es nur eine Person, die ich um Rat fragen konnte. Das war mein Pendel-Lehrer, der Leiter der Schule für Menschenkenntnis.

Seine Methode bestand darin, schwarzmagische Angriffe Kraft des eigenen Geistes zurückzuschicken und Seelen mit autoritärer, lauter Stimme wegzujagen.

Das funktionierte überhaupt nicht, im Gegenteil, denn schwarze Magie zurückzuschicken ist so ziemlich das Schlimmste was man machen kann.

Später habe ich mich mit Buddhismus, Dzog-Chen und hinduistischen spirituellen Lehren beschäftigt.

Das Erste, was man dort lernt sind Mantras und Meditationen für Schutz und Reinigung.

Sehr erfolgreich war ich damit nicht.

Irgendwann während meiner PK-Ausbildung hat mich ein Kollege zur Seite genommen und einen Satz gesagt, der sich tief eingeprägt hat: "Wenn Du mit den

Themen, an die Du Dich da ran wagst, klarkommen willst, dann musst Du mit den Engeln arbeiten".

Er hatte Recht.

Erst als ich anfing, die Engel um Hilfe zu bitten, hatte ich durchschlagenden und nachhaltigen Erfolg.

Ich bin mit 21 Jahren aus der Kirche ausgetreten (ein Schritt, den ich niemals bereut habe) und es war bestimmt nicht mein Plan gewesen ausgerechnet mit christlichen Engeln zu arbeiten.

Jedoch - auch wenn ich mich mit diesem sehr unkonventionellen Thema Fremdenergie beschäftige - bin ich ein sehr nüchterner, pragmatischer und vor allen Dingen lösungsorientierter Mensch.

Wenn etwas nicht funktioniert, suche ich einen anderen Weg, aber wenn etwas funktioniert, bin ich glücklich.

Die Arbeit mit den Engeln ist atemberaubend erfolgreich! Ich kann mich absolut auf sie verlassen.

Da ich die Wirkung meiner Gebete kinesiologisch überprüfen kann, ergibt sich eine ganz neue Qualität:

Ich *glaube* nicht, dass Gebete helfen - ich *weiß* es!

Durch meine langjährige Forschung kann ich ganz genau beurteilen, was die Engel bewirken können und was nicht bzw. was andere Methoden erfordert.

Alle fremdenergetischen Probleme lösen sie in Echtzeit auf, d.h. nach dem Gebet sind sie weg!

Karmische Belastungen des Patienten reduzieren sie um ein bis zwei Stufen, lösen sie aber nicht vollständig auf. Da ist immer noch Eigenarbeit gefordert!

Karmische Verstrickungen zwischen zwei Menschen aus früheren Leben lösen sie vollständig auf.

Elektrosmog und geopathische Belastungen werden allenfalls ein wenig reduziert.

Das ist nachvollziehbar, da die Quelle dieser Belastungen nach wie vor vorhanden ist.

Bei ungelösten seelischen Konflikten, einschränkenden Glaubenssätzen und familiensystemischen Belastungen wirken die Engel unterstützend, ersetzen aber keineswegs Psychotherapie, Stressabbaumethoden oder Familienstellen.

Die wichtigsten Engel sind Erzengel Michael, Erzengel Gabriel, Erzengel Raffael und Erzengel Uriel.

Wenn es darum geht, unerlöste Seelen Verstorbener ins Licht zu begleiten, kommt noch Erzengel Andon hinzu.

Immer verwende ich zusätzlich die Formulierung "und die Heerscharen der Engel".

Es ist eher selten, dass z.B. Erzengel Michael alleine kommt. Meistens sind es viele Engel, die mithelfen, manchmal sogar hunderte, die aber im Sinne von Erzengel Michael arbeiten.

Vorgehensweise

Protokoll

Als die fremdenergetischen Austestungen und Reinigungen in meiner Praxis immer mehr wurden und mich auch zunehmend Kollegen darum baten, für ihre Patienten Reinigungen durchzuführen, fing ich an, ein fremdenergetisches Protokoll zu erstellen.

Immer wenn ich neue Erfahrungen gemacht hatte, die ich für relevant hielt, wurde das Protokoll entsprechend ergänzt. Das hat den Vorteil, dass ich heute sehr systematisch und detailgenau vorgehen kann, ohne etwas zu übersehen.

Inzwischen arbeite ich viel mit Patienten, die ich nicht persönlich kenne, und habe nicht nur Klienten in Deutschland, sondern auch in 18 weiteren Nationen.

Folgende Daten sind für eine exakte Austestung unumgänglich: Vorname, Familienname, Adresse und Geburtsdatum. Möglicherweise kommt noch die Adresse vom Arbeitsplatz hinzu.

Testmethode

Dann frage ich das Protokoll Zeile für Zeile mit dem kinesiologischen Selbsttest ab.

Wenn Du gut mit dem Pendel oder mit dem Biotensor (Einhandrute) umgehen kannst, dann ist das auch in Ordnung.

Es ist aber wichtig, eine zuverlässige Abfrage-Methode zu haben, mit der Du eindeutige Ja-Nein-Antworten bekommst.

Mit dem Protokoll decke ich alle wichtigen Fremdenergie-Themen ab.

Wenn Du professionell mit dem Thema Fremdenergie arbeiten möchtest, empfehle ich Dir, eine eigene Checkliste zu schreiben, die Deiner Vorgehensweise entspricht.

Sei Dir bitte im Klaren darüber, an wen Du Deine Fragen stellst. Ich frage meistens mein höheres Selbst oder die Erzengel. Es ist wichtig, die Fragen klar zu adressieren. Es gibt viele Wesen in der feinstofflichen Welt, die sich gerne einmischen und vorgeben, Antworten zu haben, in Wirklichkeit aber recht niedrig schwingen.

Quantifizierung

Um eine Vorstellung über den Grad der fremdenergetischen Belastungen zu bekommen, ist es wichtig, nach der Größenordnung zu fragen.

Bei Wesen, Implantaten, Flüchen usw. frage ich nach der Anzahl.

Bei Abspaltungen des Seelenanteils oder

Traumkörperanteils frage ich nach der Prozentzahl.

Für Elektrosmog, Geopathie und karmische Belastungen benutze ich eine willkürliche Skala von 0 - 10.

Rasterfahndung

Es gibt aber natürlich individuelle Fragestellungen, die über das Protokoll hinausgehen.

Wenn ich zunächst gar keinen Anhaltspunkt habe, dann benutze ich die "Rasterfahndung", das heißt, ich grenze das Problem Stück für Stück ein.

Beispiele:

Liegt das Problem auf der körperlichen, energetischen oder seelischen Ebene?

Ist es ein Problem aus diesem oder einem früheren Leben?

Ist es das eigene Thema des Patienten oder hat er es von jemand anderem übernommen?

Lösung durch das Gebet

Wenn ich alle Informationen zusammengetragen habe, spreche ich das Gebet.

Dabei gehe ich das Protokoll Punkt für Punkt durch und bitte die Engel, die Probleme aufzulösen.

Die Engel sind sehr genau. Wenn ich die Ursache eines Problems nicht wirklich gefunden habe, dann lösen die Engel es auch nicht auf.

Das mag streng erscheinen, hat jedoch den Vorteil, dass meine Lernlektionen immer ganz klar bleiben.

Überprüfung

Nach dem Gebet überprüfe ich kinesiologisch, ob alles in Ordnung ist und ob gegebenenfalls noch weitere Fragen gestellt werden müssen.

Entscheidend ist, wie es dem Patienten nach der Reinigung geht.

Möglicherweise ist er nach der Reinigung einen Tag lang müde und hat ein erhöhtes Ruhe- und Schlafbedürfnis. Das ist normal.

Aussagen wie "Ich fühle mich leichter", "Ich kann wieder gut schlafen", "Meine Lebensfreude ist zurückgekehrt" sind eindeutige Hinweise, dass die Reinigung greift.

Wenn der Patient dagegen sagt "Naja, es ist vielleicht ein bisschen besser, aber nicht wirklich gut", dann muss ich weiter forschen, ob es noch weitere Themen gibt.

In den nächsten Wochen sollten ein- oder mehrmals Kontrollen gemacht werden, ob der Patient nach wie vor frei von Fremdenergie ist.

Seelen Verstorbener

Menschen können Besetzungen durch unerlöste Seelen Verstorbener haben.

Dieses Thema ist wohl das bekannteste. Als ich begann, fremdenergetisch zu arbeiten, war ich sehr vorsichtig mit meinen Äußerungen. Zu meiner Überraschung hatten die meisten Patienten überhaupt kein Problem mit der Vorstellung, dass es Seelenbesetzungen geben kann.

Bevor wir uns den unerlösten Seelen zuwenden, möchte ich darlegen, was normalerweise geschieht, wenn ein Mensch stirbt.

Stellen wir uns vor, ein alter Mensch hat sich, nach einem langen und erfüllten Leben, mit Frieden im Herzen innerlich auf das Sterben vorbereitet und nun seinen letzten Atemzug getan.

Die Seele verlässt den Körper und geht ins Licht, oder wie Kinder sehr schön sagen "kommt in den Himmel".

So sollte es sein und dann ist auch keine weitere Heilarbeit notwendig.

Es gibt jedoch viele Gründe, warum dieser Weg blockiert sein kann:

Dazu gehören Mord oder Selbstmord, Unfalltod oder auch ein plötzlicher und unerwarteter Tod, auf den der Betroffene sich nicht rechtzeitig vorbereiten konnte (z.B. Herzinfarkt).

Auch wenn ein Mensch seelisch oder karmisch schwer belastet ist und es ihm in diesem Leben nicht gelungen ist, diese Last zum großen Teil aufzuarbeiten, kann der Weg ins Licht verhindert sein.

Diese Seele bleibt dann erdgebunden.

Das ist ein sehr unangenehmer Zustand.

Die Seele ist hilflos. Sie kann nicht mehr handeln und ihre Probleme lösen, weil sie keinen Körper mehr hat, schafft es aber auch nicht aus eigener Kraft, ins Licht zu gehen.

In ihrer Not haben erdgebunden Seelen zwei typische Verhaltensmuster: Entweder sie ziehen sich in die Häuser oder Wohnungen zurück, in denen sie früher gelebt haben, oder sie haften sich an ihre Mitmenschen an, oft Verwandte oder nahe Freunde, oft aber auch Menschen, zu denen kein persönlicher Bezug besteht.

Das ist keine echte Lösung, sondern eine Pseudo-Lösung.

Die Seelen von Verstorbenen wollen uns nichts Böses, sie sind nur hilflos und haben Angst.

Dieser Zustand ist für den Menschen, der eine Seelenbesetzung hat, sehr problematisch.

Eine Besetzung durch eine oder mehrere Seelen Verstorbener macht immer einen Zug ins Jenseits.

Das kann von einer leichten melancholischen Verstimmung über eine handfeste Depression, eine erhöhte Unfallneigung bis hin zu einer ernstzunehmenden Selbstmordgefährdung gehen.

Ich hatte einmal eine Patientin, eine junge, an sich fröhliche und lebenslustige Frau, die aber eine ganz extreme Suizidneigung hatte. Sie sagte, sie sähe sich zehnfach. In einer PK-Sitzung (die Fremdenergie-Arbeit war damals noch in den Kinderschuhen), sah sie neun Gestalten in weiße Tücher gekleidet, wie Geister. Unsere Nachforschung ergab, dass ihr Großvater - ein Offizier bei den Nazis - im zweiten Weltkrieg eine neunköpfige jüdische Familie ermordet hatte! Diese Seelen waren nun bei der Enkelin "gelandet". Nachdem wir den Seelen geholfen hatten, ins Licht zu gehen, war die Suizidneigung verschwunden! Sie begriff und sagte: "Ich und diese neun Menschen macht zehn. Das ist es was ich gesehen habe."

Sehr viele Menschen haben Besetzungen durch Seelen Verstorbener.

Es können ein, zwei oder drei Seelen sein, oft sind es zehn, zwanzig oder dreißig, in extremen Einzelfällen aber auch ein paar hundert.

Letzteres kann auch karmische Ursachen haben.

Aus meiner Perspektive gibt es wahrscheinlich mehr erdgebundene unerlöste Seelen als lebende Menschen auf diesem Planeten.

Unsere Heilarbeit ist also sowohl für den Menschen, der Seelenbesetzungen hat, als auch für die unerlösten Seelen eine große Hilfe.

Gebet

Lieber Erzengel Michael, lieber Erzengel
Andon, lieber Erzengel Gabriel
und liebe Heerscharen von Engeln

Bitte begleitet die Seelen Verstorbener,
die bei ... * sind, ins Licht
und gebt ihnen alles, was sie
auf diesem Wege brauchen.
Bitte helft ihnen jetzt, alle
Verstrickungen zu lösen,
die sie eventuell daran hindern,
ihrem ureigensten Pfad zu folgen.
Bitte gebt diesen Seelen jetzt alle Heilung
die sie brauchen
und löst alle Schocks und Traumen
in ihnen auf.
Bitte begleitet diese Seelen jetzt ins Licht.

Danke, danke, danke.

Amen, Amen, Amen.

* Bei ... setzt Du den Namen des Klienten
  ein, für den Du die Heilarbeit machst.
  Selbstverständlich kannst Du die Gebete
  auch für Dich selber anwenden
  und sprichst dann von "mir" oder "mich".

Reptilien, Dämonen und teuflische Wesen

Im Gegensatz zu den Seelen Verstorbener wollen uns Reptilien, Dämonen und teuflische Wesen vorsätzlich Schaden zufügen. Dämonen und teuflische Wesen sind dunkel, hasserfüllt, boshaft und destruktiv.

Unser besonderes Augenmerk müssen wir aber auf die Reptilien richten. Sie bereiten uns im persönlichen wie im globalen Bereich mit Abstand die meisten Sorgen. Ich halte sie für das derzeit größte Problem der Menschheit! Sie sind intelligent! Ihre Manipulationen sind vielfältig und zielgerichtet. Meines Erachtens sind sie illegal hier und haben auf dem Planeten Erde nichts zu suchen.

Sie wollen die Erde übernehmen und dafür ist ihnen jedes Mittel recht!

Angeblich kommen sie ursprünglich vom Sternbild des Orion und des Drachen.

Wenn Du mehr darüber erfahren möchtest, dann findest Du entsprechende Literaturhinweise im Anhang. (2), (3)

Reptilien setzen feinstoffliche Implantate in das Gehirn ein, die in etwa so wirken wie Viren auf dem Computer.

Auf der körperlichen Ebene gibt es vergleichbare Manipulationen, ich nenne sie Fremdkörper.

Die Reptilien machen Verletzungen im gesamten feinstofflichen Energiesystem, in den Chakren, den Energiekörpern und der Hülle um die Energiekörper.

Des Weiteren blockieren sie die Verbindung zum höheren Selbst. Unsere Verbindung zur göttlichen Führung ist für uns Menschen jedoch essentiell. Jeder kennt diese zauberhaften Augenblicke, wenn etwas "wie von selbst" (also vom höheren Selbst) geschieht, wenn man im richtigen Moment die richtige Person trifft. Man sagt dann "Dich hat der Himmel geschickt". Genau diese Verbindung zur göttlichen Führung wollen die Reptilien logischerweise zerstören.

In und um unsere Wohnungen und Häuser machen sie negative Installationen und blockieren Telekommunikationsanlagen.

Im globalen Bereich möchte ich einen Blick auf den internationalen Terrorismus werfen.

Terroristen sind hochgradig besessen! Selbstmordattentäter werfen ihr eigenes Leben weg, nur um möglichst viele unschuldige Menschen in den Tod zu reißen. Das ist nicht nur Verachtung des eigenen Lebens und des Lebens anderer. Das ist eine abgrundtiefe Verachtung der Schöpfung selbst!

Da ist keine Menschlichkeit mehr vorhanden, da haben die Reptilien die Führung übernommen.

Je mehr fremde Wesen im Körper eines Menschen wohnen, desto mehr wird seine eigene Seele hinausgedrängt.

Noch drei weitere Manipulationen möchte ich an dieser Stelle nennen:

Reptilien spinnen uns in dunkle Energiefäden ein, die ich "Kokon aus dunklen Fäden" nenne; sie erzeugen manipulative Quantenfelder und sie bestrahlen uns permanent mit negativen und destruktiven Informationen und Energien.

Auf die zahlreichen Manipulationen und Verletzungen im feinstofflichen Energiesystem werde ich in den späteren Kapiteln detailliert eingehen. Erst dann haben wir alle Informationen zusammengetragen, die wir für die Reinigung benötigen.

Zunächst sehen wir uns aber noch an, welche weiteren Wesenheiten uns zusetzen können.

Probleme mit Naturwesen

Naturwesen sind keineswegs per se negative Wesen. Ganz im Gegenteil!

Naturwesen sind verantwortlich für das Wohl von Mutter Erde. Sie kümmern sich um Pflanzen und Tiere.

Wer einen Garten hat, ist gut beraten, um die Unterstützung der Naturwesen zu bitten.

Ein wunderschönes Beispiel für die Macht und Hilfe der Naturwesen ist die Geschichte von Findhorn. (4)

Wo also liegt das Problem?

Wenn jemand Ärger mit Naturwesen hat, liegen fast immer karmische Ursachen zugrunde. Wenn ein Mensch in früheren Leben Mutter Erde, den Pflanzen, den Tieren, manchmal aber auch anderen Menschen schlimmen Schaden zugefügt hat, dann zieht er sich den Zorn der Naturwesen zu.

Naturwesen sind sehr nachtragend. Fünfhundert Jahre sind für sie kein Grund zu vergessen, was jemand angerichtet hat.

Ich habe mit einem Patienten erfolgreich gearbeitet, der vor ein paar hundert Jahren ganze Wälder abholzen ließ, um Bauholz für die Schiffsflotte seines Königs zu gewinnen.

Aber auch die Zerstörung ihres Lebensraumes in der Gegenwart kann Ärger mit den Naturwesen zur Folge haben.

Eine Familie im Allgäu hatte Schwierigkeiten mit Naturwesen, weil sie auf ihrem Grundstück ein wunderschönes Naturbiotop mit alten Obstbäumen zerstört hatte, um dort ein Haus zu bauen. Dieses Biotop war aber die Wohnstätte der Naturwesen.

In Island gibt es bis heute die Tradition, Trolle, Feen und Elfen zu achten und zu respektieren.

Es gibt sogar eine "Elfenbeauftragte" beim Bauamt in der Hauptstadt Reykjavík. Wenn eine Straße neu gebaut wird, müssen die Wohnstätten der Naturgeister umgangen werden, um Unfälle und Probleme mit den Baumaschinen zu vermeiden!

Wem die Naturwesen zürnen, der hat ein ernstzunehmendes Problem, dann funktioniert nichts mehr!

Kein anderes feinstoffliches Wesen hat einen so direkten Zugang zur dreidimensionalen Welt wie die Naturwesen.

Ich habe mit Landwirten gearbeitet, die am Rande der Verzweiflung waren: Der größte Teil des Landmaschinen-Fuhrparks war defekt gewesen. Täglich ging etwas kaputt. Maschinen wurden repariert, aber sie hielten nicht mal einen Tag.

Naturwesen blockieren Autos, Geschäfte und Telefonanlagen.

Kennst Du das Gefühl, dass Du tagelang Dein Telefon hypnotisierst, weil Du Dich wunderst, dass keiner mehr anruft?

Naturwesen erwarten Ehrerbietung und Respekt!

Man kann nicht einfach die Engel bitten, die Naturwesen zu entfernen.

Man muss vielmehr die Naturwesen darum bitten, sich zurückzuziehen und ihnen versprechen in Zukunft die Natur zu achten und sorgsam zu behandeln.

Naturwesen sind sehr zuverlässig. Wenn sie zusagen, dass sie sich zurückziehen, dann tun sie es auch.

Wichtig ist aber das Einsehen der betroffenen Person und wenn möglich auch eine Wiedergutmachung, wenigstens symbolisch. Vielleicht hast Du die Möglichkeit, einen Baum zu pflanzen oder in Deinem Garten einen Teich anzulegen.

Gebet

Liebe Könige und Königinnen der Naturwesen und der Naturreiche, liebe Naturwesen!

Ich grüße Euch mit Achtung und Respekt!
Ich bitte Euch um Hilfe und Unterstützung für ... .
Mit Sicherheit habt Ihr einen triftigen Grund, diese Person zu behelligen.
... hat Euch und Mutter Erde (in einem früheren Leben, oder in diesem Leben durch eine bestimmte Tat) schlimmen Schaden zugefügt.
Ich bitte Euch darum, ... zu verzeihen.
... verspricht - wenn es möglich ist - den entstanden Schaden wiedergutzumachen.
Es wäre eine große Hilfe für ..., wenn Ihr Euch jetzt von ihm und von seinem Haus (Hof, Anwesen) zurückziehen würdet.
Ich danke Euch aus tiefstem Herzen für Euer Verständnis, Eure Hilfe und Eure Kooperation!

Danke, danke, danke

Amen, Amen, Amen

Besetzungen durch Tierseelen

Menschen können tatsächlich auch Besetzungen durch unerlöste Tierseelen haben.
Dabei handelt es sich oft um Menschen, die Fleisch essen, aber keine Achtung vor den Tieren haben.
Das bedeutet nicht, dass jeder Vegetarier werden muss. Jeder soll sich so ernähren, wie er es als stimmig empfindet.
Es wäre aber sehr hilfreich, wenn wir unsere Mahlzeiten mit einem Tischgebet segnen und den Tieren dafür danken, dass Sie uns als Nahrung dienen. Auf die Einstellung kommt es an!
Im Dzog-Chen, einer spirituellen Lehre aus Tibet, die sowohl die alte Bön-Tradition als auch den Buddhismus in sich vereinigt, gibt es eine Meditationspraxis, die sich Ganapuja nennt.
Jeder bringt Lebensmittel mit, alles was es gibt: Obst, Gemüse, Brot, Wurst, Fleisch und Süßigkeiten.
Die Gaben werden an die Meditierenden verteilt, so dass jeder *von allem* etwas bekommt.
Es wird auch ein Teller für die Geister und Tiere außerhalb des Tempels bereitgestellt.
Dann werden alle Lebensmittel in einer großen Zeremonie gesegnet und viele

Mantras gesprochen und gesungen. Diese Praxis dient unter anderem der Befreiung der Tiere, die als Nahrung gedient haben. Ein wunderbares großes Fest!

Eine weitere Gruppe Betroffener sind Menschen, die im fleischverarbeitenden Gewerbe tätig sind, also Metzger, Mitarbeiter in der Fleischfabrik und insbesondere deren Chefs.

Durch die Massentierhaltung werden Tiere nur noch als Ware und Produkt betrachtet und – allen gegenteiligen Beteuerungen zum Trotz – den meisten ist das Schicksal der gequälten Lebewesen vollkommen egal.

Gebet

Lieber Erzengel Michael, lieber Erzengel
Gabriel
und liebe Heerscharen von Engeln

Bitte begleitet die unerlösten Tierseelen,
die bei ... sind, ins Licht
und gebt ihnen alles, was sie auf ihrem
Wege brauchen.
Bitte gebt ihnen alle Heilung, derer sie
bedürfen
und löst alle Schocks und Traumen
in ihnen auf.
Bitte helft ihnen, dass sie auf einer
höheren Ebene reinkarnieren dürfen
und niemals wieder als Schlachttiere
dienen müssen.
Bitte begleitet die Tierseelen jetzt ins Licht.

Danke, danke, danke

Amen, Amen, Amen

Schlangenwesen

Du hast für Dich oder Deinen Klienten schon viele Reinigungen gemacht, Seelen ins Licht begleitet, Reptilien, Dämonen und teuflische Wesen entfernt und dennoch wirst Du das Gefühl nicht los, dass immer noch eine fremdenergetische Beeinflussung vorliegt?

Vielleicht ist das Problem eine Besetzung durch Schlangenwesen.

Solche Besetzungen sind sehr selten und darüber hinaus sind Schlangenwesen schwer zu finden.

Normalerweise mischen sie sich nicht direkt ein. Sie stehen noch über den Reptilien und steuern diese.

Reptilien verhalten sich alle gleich und machen immer wieder die gleichen Manipulationen.

Man kann sie mit Soldaten im Krieg vergleichen. Auch alle Soldaten verhalten sich gleich, entsprechend den Befehlen ihres Generals.

Die Schlangenwesen kann man mit diesem General vergleichen.

Schlangenwesen sind reine Intelligenz, dienen aber der dunklen Seite.

Frage also ganz gezielt nach diesen Wesen, kontrolliere alle Ebenen und auch den Wohnort.

Gebet

Lieber Erzengel Michael, lieber Erzengel Gabriel, lieber Erzengel Raffael, lieber Erzengel Uriel und
liebe Heerscharen von Engeln

Bitte entfernt alle Schlangenwesen aus dem Seelenanteil im Diesseits,
dem Seelenanteil im Aluna, dem höheren Selbst und dem Feld von ... .
Bitte löst diese Wesen auf, soweit dies möglich ist, oder bringt sie in ihre Dimension und sorgt dafür, dass sie niemals wiederkommen.
Bitte durchtrennt alle energetischen Verbindungen und verschließt und versiegelt alle Wurmlöcher zwischen dem Seelenanteil im Diesseits, dem Seelenanteil im Aluna und dem höheren Selbst von ... und den Schlangenwesen.

Danke, danke, danke

Amen, Amen, Amen

Implantate und Fremdkörper

Der größte Teil der Verletzungen und Manipulationen im feinstofflichen Energiesystem wird durch die Reptilien verursacht.

In den folgenden Kapiteln sehen wir uns diese genauer an.

Implantate sitzen im Gehirn. Sie sind feinstofflich, man kann sie also auf dem Röntgenbild nicht sehen.

Es gibt gegenteilige Behauptungen; diese beziehen sind aber auf Mikrochips, die Menschen vom Militär oder von Geheimdiensten eingesetzt worden sind.

Die Implantate der Reptilien kann man sich eher wie Viren auf dem Computer vorstellen.

Sie wirken also auf der Informationsebene.

Sätze wie "Ich fühle mich wie ferngesteuert", oder "Ich fühle mich, als wäre ich fremdbestimmt" bringen die Wirkung der Implantate zum Ausdruck.

Sie sind sowohl Empfänger, um Menschen zu manipulieren, als auch Sender, um Informationen von den Betroffenen zu bekommen.

So suchen die Reptilien systematisch nach Schwachpunkten, an denen sie die Menschen treffen können.

Negative Gefühle, wie zum Beispiel depressive Verstimmungen, werden extrem verstärkt. Streit wird provoziert.

So viele Beziehungen leiden unter Auseinandersetzungen, Gereiztheit und Spannungen, ohne dass die Betroffenen eine Ahnung haben, wie sehr sie manipuliert und fremdbestimmt sind.

Es geht immer darum, Menschen zu schwächen, Zwietracht und Zerstörung zu provozieren.

Es geht soweit, dass Entscheidungen beeinflusst werden, so dass der Betroffene im Nachhinein sagt: "Wie konnte ich das nur tun."

Fremdkörper funktionieren genauso wie Implantate, aber auf der körperlichen Ebene. Sie werden besonders oft in den Organen eingesetzt, die mit unseren Emotionen zu tun haben, also dem Herzen und den Geschlechtsorganen. Reptilien haben keinen Emotionalkörper und sind daher besonders an den Gefühlen der Menschen interessiert. Auch das Rückenmark ist häufig betroffen.

Fremdkörper sind für viele Krankheiten bis hin zu Krebs mit verantwortlich.

Bei Krebserkrankungen gibt es natürlich noch viele weitere Komponenten, zum Beispiel schwerwiegende seelische Traumen,

Übersäuerung, Umweltgifte und falsche Er-
nährung.

Kokon aus dunklen Fäden, manipulative Quantenfelder und Bestrahlung mit negativen Informationen

Reptilien sind Meister der Manipulation! Ihre Tricks sind vielschichtig. Wenn man sie lange studiert, sind jedoch wiederkehrende Muster zu erkennen.

Sie spinnen uns in dunkle Energiefäden ein, die ich "Kokon aus dunklen Fäden" nenne.

Die Folge: Wir fühlen uns wie in Watte gepackt und unsere Wahrnehmung im Bereich des Fühlens, der Intuition und des Spürens von Energie ist eingeschränkt.

Jeder Mensch hat ein zu ihm gehöriges Feld, auch morphogenetisches Feld oder Quantenfeld genannt.

Er ist aber auch ständig in Kontakt mit weiteren Feldern. Da sind natürlich die Felder unserer Mitmenschen zu nennen, aber auch zum Beispiel Felder, mit denen wir während unserer außerkörperlichen Reisen im Schlaf in Kontakt treten.

Wachen wir morgens mit negativen Gefühlen und Gedanken auf, besteht die Wahrscheinlichkeit, dass die Reptilien die Quantenfelder infiziert haben.

Des Weiteren ist noch die direkte Bestrahlung mit negativen Informationen und

Energien zu nennen, die man sich wie einen Radiosender vorstellen kann.

Energetische Verbindungen und Wurmlöcher zwischen Menschen und dunklen Wesen

Um die energetische Einflussnahme durch die dunklen Wesen, also Reptilien, Dämonen, teuflische Wesen und Schlangenwesen besser zu verstehen, müssen wir noch zwei weitere Strukturen betrachten, die uns bereits bei den Verstrickungen zwischen Menschen begegnet sind:

1. Energetische Verbindungen zwischen den Menschen und den dunklen Wesen:
Immer wenn uns dunkle Wesen affektieren, entstehen energetische Verbindungen, die man sich wie Energie-Fäden vorstellen kann.

2. Die zweite energetische Konfiguration nenne ich "Wurmlöcher". Dieser Begriff kommt eigentlich aus der Astrophysik, ist für uns aber sehr nützlich und treffend.

Ein Wurmloch ist wie ein Tunnel oder ein Kanal, über den wir mit den dunklen Wesen verbunden sind.

Über diese Wurmlöcher wirken ständig negative Energien und Informationen auf uns ein.

Diesseits, Aluna, höheres Selbst und Feld

Ein Quantensprung in meiner Heilarbeit war die Entdeckung des Seelenanteils im Aluna.

Ich hatte einen Patienten, dem über Wochen ein extrem übergriffiger Mitmensch energetisch "im Nacken" saß.

Er konnte an nichts anderes mehr denken (es ist übrigens ein ganz sicheres Zeichen für einen ungelösten seelischen Konflikt

oder ein ungelöstes fremdenergetisches Problem, wenn sich ein bestimmter Gedanke zwanghaft aufdrängt und man ihn nicht mehr abschütteln kann).

Ich hatte bereits mehrere Reinigungen für ihn gemacht und das Protokoll "rauf und runter" abgefragt und konnte nichts finden.

Nach etwa sieben Wochen gab mir die geistige Welt einen Tipp. Plötzlich hatte ich eine ungewöhnliche Idee:

Könnte es sein, dass wir eine parallele Existenz auf der göttlichen Ebene haben? Könnte es sein, dass wir auf diese Weise immer mit unserem göttlichen Ursprung verbunden bleiben? Vielleicht würden wir es hier auf der Erde sonst gar nicht aushalten!

Und: Könnte es sein, dass wir auch auf dieser Ebene fremdenergetische Probleme haben?

Ich konnte es zunächst kaum glauben! Meine – zugegeben wohl etwas naive – Vorstellung war, dass die göttliche Ebene rein und unberührt ist. Die Forschungsergebnisse zeigten etwas anderes.

Jahre später habe ich dann die Bestätigung in einem wunderbaren Buch von Stuart Wilde gefunden. (5) Auf der göttlichen Ebene toben heftige Kämpfe gegen die dunkle Seite!

Ich habe dann Erzengel Michael darum gebeten, bei meinem Patienten auf der göttlichen Ebene die unerlösten Energien dieser übergriffigen Person zu entfernen.

Fünf Minuten später war der Spuk vorbei und es ging ihm wieder gut!

Es gibt für diese göttliche Ebene verschiedene Begriffe: Spiegelwelt, Anderswelt oder Aluna.

Ich habe die geistige Welt gefragt, welches Wort ich verwenden soll und wir haben uns auf "Der Seelenanteil im Aluna" geeinigt.

Den Begriff Aluna gibt es sowohl bei den Kogis als auch im Sanskrit. Bei den Kogis bedeutet er "Die Quelle des Lebens und der Intelligenz", im Sanskrit bedeutet Aluna "unverletzt".

Seitdem ist der Seelenanteil im Aluna ein fester Bestandteil meines Protokolls.

Eine weitere Ebene, die blockiert und fremdenergetisch manipuliert sein kann, ist das höhere Selbst.

Das höhere Selbst stellt die Verbindung zwischen uns und der göttlichen Führungsebene her.

Es besteht aus drei Strukturen: aus unserer Verbindung zum höheren Selbst, dem höheren Selbst als solches und der Verbindung zwischen dem höheren Selbst und der göttlichen Führungsebene.

Von Rupert Sheldrake kennen wir das morphogenetische Feld. Wenn wir beim Familienstellen erleben, wie sich die Dynamik der Familienseele vor unseren Augen offenbart, dann haben wir das morphogenetische Feld dieser Familie herbeigeholt.

Jeder Mensch ist von so einem Feld umgeben und von anderen Feldern aus seiner Umgebung beeinflusst.

Fremdenergetische Probleme müssen nicht unbedingt in das eigene Energiesystem eingedrungen sein, können aber trotzdem im morphogenetischen Feld vorhanden sein.

Der Einfachheit halber verwende ich den Begriff "Feld".

Damit haben wir vier Ebenen, die wir nach fremdenergetischen Belastungen absuchen müssen:

den Seelenanteil im Diesseits, den Seelenanteil im Aluna, das höhere Selbst und das Feld.

Gebet bei Besetzungen durch dunkle Wesen

Nun haben wir endlich alle nötigen Informationen zusammengetragen, um das Gebet bei Besetzungen durch dunkle Wesen zu sprechen.
Da bei Besetzungen durch Reptilien, Dämonen, teuflische Wesen und Schlangenwesen fast immer dieselben Manipulationen und Verletzungen vorhanden sind, fasse ich alles in einem Gebet zusammen.

Gebet

Lieber Erzengel Michael, lieber Erzengel Gabriel, lieber Erzengel Raffael, lieber Erzengel Uriel und liebe Heerscharen von Engeln

Bitte entfernt alle Reptilien, Dämonen, teuflischen Wesen und Schlangenwesen aus dem Seelenanteil im Diesseits, dem Seelenanteil im Aluna, dem höheren Selbst und dem Feld von ... .
Bitte löst alle diese dunklen Wesen auf, sofern dies möglich ist, oder aber entfernt sie von Mutter Erde, bringt sie in ihre Dimension und sorgt dafür, dass sie niemals wiederkommen.

Bitte entfernt den Kokon aus dunklen Fäden, die manipulativen Quantenfelder und alle Implantate und Fremdkörper und transformiert und entsorgt diese nach Eurem Ermessen.
Bitte heilt alle Verletzungen, die diese verursacht haben.
Bitte durchtrennt alle energetischen Verbindungen und verschließt und versiegelt alle Wurmlöcher zwischen dem Seelenanteil im Diesseits, dem Seelenanteil im Aluna und dem höheren Selbst von ... auf der einen Seite und all diesen dunklen Wesen auf der anderen Seite.
Bitte stoppt die Bestrahlung durch negative Informationen und Energien durch die dunkle Seite.
Bitte heilt die Hülle um die Energiekörper, alle Energiekörper, alle Chakren, den Seelenanteil im Diesseits und den Seelenanteil im Aluna.

Danke, danke, danke

Amen, Amen, Amen

Abgespaltene Seelenanteile, Aluna-Seelenanteile und Traum-körperanteile

Im Kapitel über die Reptilienwesen wurde schon kurz erwähnt, dass die Seele des betroffenen Menschen aus seinem Körper hinausgedrängt, also abgespalten wird.
Auf diese Seelenabspaltungen möchte ich nun näher eingehen.
Fast jeder Mensch hat mehr oder weniger große abgespaltene Seelenanteile.
Das kann mehrere Ursachen haben.
Negative Wesen, die die Seele herausdrängen, ist nur eine davon.
Eine weitere Ursache sind seelische Schocks und Traumen. Wenn ein Mensch traumatische Erlebnisse nicht verarbeiten kann, dann wird der Teil der Seele, in der dieses Erlebnis gespeichert ist, "ausgelagert".
Es schwächt zwar den Menschen, aber er kann in diesem reduzierten Zustand weiterleben.
In der Psychologie nennt man diesen Zustand Dissoziation oder auf Deutsch Verdrängung, das heißt, der Klient kann sich an diese Erlebnisse nicht mehr erinnern, manchmal sind sie sogar vollständig verschüttet. Das gilt insbesondere für frühkindliche Traumen.

Auf der energetischen Ebene müssen wir das noch weiter präzisieren:

1. Wir haben im vorherigen Kapitel von dem Aluna-Seelenanteil erfahren. Er kann genauso unter Seelenabspaltungen leiden wie der Seelenanteil im Diesseits und muss dementsprechend in unserem Heilungsgebet auch angesprochen werden.

2. Der Traumkörper. In den letzten Jahren ist das Interesse an Träumen und am luziden Träumen größer geworden und wird auch an Universitäten wissenschaftlich untersucht. (6)

Autoren wie Robert A. Monroe (7), (8) und William Buhlmann (9) beschreiben detailliert außerkörperliche Reisen und zeigen auf, dass das Träumen nicht nur ein psychischer Vorgang, sondern der Traumkörper eine eigenständige Struktur ist. Die ausführlichste und genaueste Beschreibung des Traumkörpers finden wir wieder bei Carlos Castaneda in "Die Kunst des Träumens" (1) und vielen weiteren Büchern von ihm. Bei Castaneda wird er auch "Der Andere" oder "Der Doppelgänger" genannt.

Bei sehr schwerwiegenden seelischen Verletzungen kann sogar dieser Traumkörper verletzt sein und Abspaltungen haben.

Jetzt haben wir alle Informationen beieinander, um für die Heilung der Seelenanteile zu bitten.

Gebet

Lieber Erzengel Michael, lieber Erzengel Gabriel, lieber Erzengel Raffael, lieber Erzengel Uriel und liebe Heerscharen von Engeln

Bitte holt alle abgespaltenen Seelenanteile von ... zurück, heilt und reinigt diese Seelenanteile und löst alle Schocks und Traumen aus ihnen auf.
Bitte haucht sie ... wieder ein, sodass ... vollständig, heil und ganz sein kann.

Bitte holt im Aluna alle abgespaltenen Aluna-Seelenanteile von ... zurück, heilt und reinigt diese Aluna-Seelenanteile und löst alle Schocks und Traumen in ihnen auf.
Bitte haucht sie ... im Aluna wieder ein, so dass ... auch auf dieser Ebene vollständig, heil und ganz sein kann.

Bitte holt jetzt auch alle abgespaltenen Traumkörper-Anteile zurück, heilt und reinigt diese Traumkörper-Anteile und löst alle Schocks und Traumen aus ihnen auf.
Bitte integriert sie in seinen / ihren bestehenden Traumkörper, sodass auch sein/ihr Traumkörper wieder vollständig, heil und ganz sein kann.

Danke, danke, danke

Amen, Amen, Amen

Gelübde, Eide, Versprechungen

Die meisten Gelübde stammen aus früheren Leben, die wir als Mönch oder Nonne in der katholischen Kirche verbracht haben.

Sie mögen zur damaligen Zeit stimmig gewesen sein und ihre Berechtigung gehabt haben, sind nun aber nicht mehr zeitgemäß.

Es handelt sich dabei um das Armutsgelübde, das Keuschheitsgelübde und das Gelübde des absoluten Gehorsams gegenüber der Kirche.

Diese Gelübde gibt es einzeln oder in Kombination, meistens sind es alle drei.

Fair wäre damals die Formulierung "Ich gelobe ... für dieses Erdenleben" oder "Ich gelobe bis zu meinem Tode ..." gewesen, doch so war es nicht.

Diese Gelübde sind im jetzigen Leben immer noch vorhanden, auch wenn wir sie längst vergessen haben. Sie wirken immer noch!

Als Folge hast Du womöglich ständig finanzielle Probleme (Geld zu haben widerspricht ja dem Gelübde!) oder ein schlechtes Gewissen, wenn Du Sex mit Deinem Partner haben willst.

Ein weiteres Gelübde stammt aus dem dritten Reich.

Es ist das Gelübde absoluten Gehorsams gegenüber dem Führer! Offensichtlich ist dieses Gelübde so stark, dass es familiensystemisch wirkt, denn ich habe es bei vielen Menschen gefunden, die von ihrem Alter her unmöglich das Gelübde selber abgelegt haben können. Sie haben es vom Vater oder Großvater geerbt!

Weitere Gelübde, Eide oder Versprechungen kommen aus dem privaten Bereich.

Es ist ja in Ordnung, wenn man jemandem ein Versprechen gibt, aber mit Formulierungen wie "ewig", oder "für immer" sollte man vorsichtig sein. Die Lebenssituation kann sich ändern, das Versprechen aber bleibt. "Ich schwöre Dir ewige Treue", "Ich werden dieses Haus niemals verkaufen", "Ich werde mich immer um Deine Mutter kümmern" könnten solche Versprechungen sein.

Gebet

Lieber Erzengel Michael
und liebe Heerscharen von Engeln

Bitte löst bei ... das Armuts-, Keuschheits-
und Gehorsamsgelübde und das Führer-
gelübde auf und transformiert und entsorgt diese Gelübde nach Eurem Ermessen.

Danke, danke, danke

Amen, Amen, Amen

Verträge mit der dunklen Seite

Du kennst diese uralte Geschichte: Jemand verkauft seine Seele dem Teufel, um im Gegenzug Macht, Reichtum und Ruhm zu erhalten.

Diese Geschichte ist aber kein Märchen, sondern bittere Realität!

Viele Menschen haben Verträge mit der dunklen Seite, also in erster Linie mit den reptiloiden Wesen.

Es ist so verführerisch! Die Macht, die die dunkle Seite scheinbar verleiht, ist durchaus groß.

Ich habe viele Jahre gebraucht, um das Spiel in seiner Komplexität zu durchschauen.

Das wichtigste Werkzeug der Reptilien ist die Lüge.

Ich habe Menschen erlebt, die wahre Meister der Lüge sind. Es klingt immer glaubwürdig, es gibt nie Lösungen und irgendwann merkt man, dass derselbe Mensch heute genau das Gegenteil wie gestern sagt als wäre es das Selbstverständlichste von der Welt.

Die Sprache wird dabei nicht benutzt, um die Wahrheit auszudrücken oder ihr zumindest nahe zu kommen. Sie wird missbraucht, um zu manipulieren, egoistische

Ziele durchzusetzen und Verwirrung zu stiften.

Da sprechen die Reptilien durch den Menschen!

Vorsicht! Es gibt leider viele Menschen die mit der Macht der dunklen Seite verbunden sein *wollen*.

Für sie ist eine fremdenergetische Reinigung vergebliche Liebesmüh!

Wenige Tage nach der Reinigung sind die Besetzungen wieder da!

Wer sich aber ernsthaft der lichtvollen Seite zuwenden und die Reptilien endgültig loswerden möchte, kann die alten Verträge mit der dunklen Seite auflösen.

Gebet

Lieber Erzengel Michael
und liebe Heerscharen von Engeln

Bitte löst alle Verträge zwischen ... und der
dunklen Seite auf und transformiert und
entsorgt sie nach Eurem Ermessen.

Danke, danke, danke

Amen, Amen, Amen

Elementale und negative Erinnerungsspeicher

Ganz streng genommen sind Elementale und negative Erinnerungsspeicher keine Fremdenergie, da sie selbst erschaffen sind!

Wenn jemand immer wieder stereotyp die gleichen negativen Erfahrungen macht, zum Beispiel in einer Partnerschaft verletzt wird, sich auf eine neue Partnerschaft einlässt, wieder verletzt wird und sich dieses Muster ständig wiederholt, dann entstehen Elementale.

Man kann sie sich wie Energiekugeln vorstellen. Sie sitzen bevorzugt am Handgelenk und behindern den Betroffenen bei seinen Handlungen.

Sie sind zwar "nur" Energie, verhalten sich aber fast schon wie eigenständige Wesen und manövrieren die Person gradewegs in die nächste ähnliche Situation.

Ähnlich verhält es sich mit negativen Erinnerungsspeichern.

Sie sitzen in der Muskulatur, besonders in den Waden und der hinteren Partie der Oberschenkel. Sie können mitverantwortlich für Muskelkrämpfe sein, die nicht auf die Gabe von Magnesium ansprechen! Diese wertvolle Information habe ich in den Büchern von Carlos Castaneda gefunden, die ich meinen verehrten Lesern und Leserinnen nur wärmstens ans Herz legen kann.

Wie wunderbar ist es doch, dass die Engel die Elementale und negativen Erinnerungsspeicher ganz leicht auflösen können.

Wir müssen sie nur darum bitten!

Gebet

Lieber Erzengel Michael, lieber Erzengel
Gabriel
und liebe Heerscharen von Engeln

Bitte löst bei ... alle Elementale und
negativen Erinnerungsspeicher auf und
transformiert und entsorgt sie nach Eurem
Ermessen.
Bitte heilt alle Verletzungen, die diese
verursacht haben.

Danke, danke, danke

Amen, Amen, Amen

Unerlöste Energien von Mitmenschen

Das Thema unerlöste Energien von Mitmenschen ähnelt dem, was Bert Hellinger – der Begründer des Familienstellens – eine Verstrickung nennt.
Die Ursprünglichste aller Verstrickungen besteht zwischen Eltern und Kindern.
Sehr viele Verstrickungen entstehen aber auch mit dem Partner. Man ist jeden Tag für viele Stunden mit ihm in Kontakt, hat Sex und schläft nebeneinander.
Es ist sehr hilfreich in einer Partnerschaft, die Energien des anderen auch wieder aus dem eigenen System zu entfernen. Es wirkt wie ein Reset. Man kann dann wieder klar und unvoreingenommen aufeinander zugehen, auch wenn es zuvor einmal Spannungen gegeben hat.
Unerlöste Energien von Mitmenschen kommen aber keineswegs nur von Familienmitgliedern.
Sie können von jeder Person stammen, mit der wir Kontakt haben, also von Freunden, Bekannten, Kollegen oder auch von Personen, denen wir scheinbar nur flüchtig begegnet sind.
Du hast vielleicht schon einmal erlebt, dass Du mit jemandem einen Kaffee getrunken und Dich danach schlecht gefühlt hast

ohne zu wissen warum. Es reicht manchmal sogar schon ein Telefonat!

Eine Bekannte bat mich einmal um Hilfe, weil sie sich plötzlich und ohne ersichtlichen Grund sehr traurig gefühlt hat. Dieses Gefühl war so stark, dass sie hemmungslos geweint hat.

Sie konnte es sich nicht erklären. Es stellte sich heraus, dass sie sich mit einer Freundin getroffen hatte, die kurz zuvor ein Kind abgetrieben hatte. Die Traurigkeit war die Traurigkeit des Kindes!

Wir haben das dann mit Hilfe der Engel aufgelöst und die Seele des Kindes um Verzeihung gebeten.

Wir haben an diesem Nachmittag gemeinsam viele Tränen vergossen!

Aber bald darauf war die Traurigkeit verflogen.

Was passiert genau auf der energetischen Ebene?

Die unerlösten Energien von einem oder mehreren anderen Menschen dringen ins Energiesystem des Patienten ein. Das kann wieder auf den vier Ebenen erfolgen, also Seelenanteil im Diesseits, Seelenanteil im Aluna, höheres Selbst und Feld.

Dabei entstehen energetische Verbindungen, die man sich wie Energiefäden vorstellen kann.

Ich bin - was die energetische Verbindung zwischen zwei Menschen betrifft - sehr genau.

Ich halte die reine Liebesverbindung, also die Verbindung von Herz zu Herz, für die einzig legitime. Sie wirkt nicht hinderlich und lässt den anderen wirklich frei sein!

Alle anderen Arten von energetischen Verbindungen schwingen niedriger.

Diese Herzensverbindung wird durch unsere Heilarbeit natürlich nicht berührt. Im Gegenteil – sie kann nach der Reinigung klarer und stärker hervortreten als zuvor.

Um diesen Unterschied deutlich zu machen, spreche ich in dem Gebet von "*einschränkenden* energetischen Verbindungen*".

Es gibt aber noch eine zweite energetische Konfiguration, die parallel entsteht und die ich "Wurmlöcher" nenne.

Dieser Begriff kommt eigentlich aus der Astrophysik, ist für uns aber sehr nützlich und treffend.

Ein Wurmloch ist wie ein Tunnel oder ein Kanal, durch den permanent weiter negative Energien von einer zur anderen Person nachströmen. Wenn man vergisst, darum zu bitten, die Wurmlöcher zu verschließen, ist der Erfolg der Reinigung möglicherweise nur von kurzer Dauer.

Wir haben also drei Dinge zu beachten:

Die Energien, die ins System des Betroffenen eingedrungen sind, die einschränkenden energetischen Verbindungen und die Wurmlöcher.

Gebet

Lieber Erzengel Michael,
und liebe Heerscharen von Engeln

Bitte entfernt die unerlösten Energien
anderer Personen (Du kannst hier auch
konkrete Personen benennen, wenn Du
ihre Namen weißt) aus dem Seelenanteil
im Diesseits, dem Seelenanteil im Aluna,
dem höheren Selbst und dem Feld von ...
und transformiert und entsorgt sie nach
Eurem Ermessen.
Bitte durchtrennt alle einschränkenden
energetischen Verbindungen und
verschließt und versiegelt alle Wurmlöcher
zwischen seinem Seelenanteil im
Diesseits, seinem Seelenanteil im Aluna
und seinem höheren Selbst auf der einen
Seite und der anderen Person (den anderen
Personen) auf der anderen Seite.
Ich danke Euch für Eure Hilfe.

Danke, danke, danke

Amen, Amen, Amen

Karmische Belastungen

Hand aufs Herz: Wir haben uns alle durch negative Handlungen in früheren, vielleicht aber auch in diesem Leben karmische Belastungen zugezogen.

Eine Kollegin von mir hat es treffend auf den Punkt gebracht:

Wir bekommen Macht und das Erste, was wir damit tun, ist, sie zu missbrauchen.

Wir können diese Dynamik gut an den Diktatoren, den historischen wie den gegenwärtigen, beobachten. Oft beginnt ihr Aufstieg mit einer guten Gesinnung, aber irgendwann auf ihrem Weg mutieren sie zu grauenhaften Despoten.

Nachdem die großen Diktatoren der Vergangenheit wie Hitler, Stalin, Lenin, Mussolini, Ceausescu, Pinochet und viele mehr das Zeitliche gesegnet hatten, dachte ich, die Zeit der Autokraten sei vorbei. Weit gefehlt! Heute erleben wir eine Renaissance der Despoten auch in westlichen Staaten, die als Vorbilder der Demokratie galten, ja sogar mitten in Europa.

Doch es bringt nichts, mit dem Finger auf andere zu zeigen.

Wir waren in früheren Leben nicht besser und ein erheblicher Teil unserer gegenwärtigen Probleme, einschließlich fremdenergetischer Belastungen, fußt auf dem Karma aus früheren Leben, gerade auch aus dem Dritten Reich dem ich ein eigenes Kapitel widmen werde.

Nachdem wir also durch unseren Machtmissbrauch in früheren Leben gründlich gestrauchelt sind, haben wir als Gegenreaktion all unsere Macht abgegeben und sind von Unterdrückern zu Unterdrückten geworden.

Vielleicht hast Du Dich selber in diesem Leben schon einmal in einer Situation wiedergefunden, in der Du Deine Macht abgegeben hast, zum Beispiel an Deinen Partner oder Deinen Vorgesetzten.

Letztlich sind wir gut beraten, all diese Dramen wertfrei zu betrachten. Sie gehören zum großen Spiel der Erfahrungen dazu. Es geht lediglich darum, es jetzt besser zu machen.

Wir brauchen unsere Macht! Ohne sie können wir nichts bewirken.

Wir sehen uns der Herausforderung gegenüber, Macht verantwortungsvoll, also in Übereinstimmung mit der göttlichen Führung einzusetzen.

Die Engel können uns helfen, Karma zu reduzieren.

Es wird nicht gleich ganz aufgelöst, aber es ist trotzdem ein großer Segen, weniger

Karmagepäck in unserem Rucksack her-
umtragen zu müssen.

Die Engel können unseren Kontakt mit der
göttlichen Führung verbessern und uns
helfen, die richtigen Entscheidungen zu
treffen.

Gebet

Lieber Erzengel Michael, lieber Erzengel Gabriel, lieber Erzengel Raffael, lieber Erzengel Uriel
und liebe Heerscharen von Engeln

Bitte erlasst ... seine karmischen Belastungen, sofern es die höchste göttliche Führungsebene erlaubt.
Bitte helft ..., auf den rechten Pfad zurückzukehren.

Danke, danke, danke

Amen, Amen, Amen

Schwarze Magie, Flüche und Verwünschungen

Schwarze Magie gibt es leider mehr als wir ahnen.

Deutschlands Schwarz-Magie-Hochburg liegt im Allgäu; in Afrika ist sie sehr verbreitet, aber auch im asiatischen Raum wie zum Beispiel in Sri Lanka.

Eine Kollegin von mir war mit einem Afrikaner verheiratet, hat sich aber später wieder von ihm getrennt und sich scheiden lassen. Sie hat damit den Stolz und die Stammesehre seines Dorfes verletzt. Das ganze Dorf hat schwarze Magie gegen sie betrieben. Sie wurde unheilbar krank!

Leider sind diese Praktiken – in Afrika nennt man sie "Schwarzer Voodoo" – sehr machtvoll.

Letztlich schädigen sich Menschen, die schwarze Magie betreiben, selbst (das Gesetz von Ursache und Wirkung!) und meines Erachtens ist das einer der Gründe, warum Afrika nicht auf die Beine kommt.

Unbekannt ist den meisten auch, dass es in gewissen Organisationen schwarzmagische Ausbildungsprogramme gibt, um die Konkurrenz zu schwächen und zu schädigen. Dabei wird heute auch zu modernen elektronischen Hilfsmitteln gegriffen, um schwarzmagische Sprüche zu verstärken und in Endlosschleifen zu wiederholen.

Flüche und Verwünschungen sind ein wesentlicher Bestandteil der schwarzen Magie, wobei ich hier zwischen bewusster und unbewusster schwarzer Magie unterscheide.

Unter bewusster schwarzer Magie verstehe ich die vorsätzliche, absichtliche und zielgerichtete Anwendung, um anderen Menschen Schaden zuzufügen.

Viele Menschen sprechen aber auch Flüche und Verwünschungen gegen andere aus, ohne sich bewusst zu sein, dass dies beim "Empfänger" ankommt.

Wenn dann noch eine entsprechende emotionale Ladung dahinter ist, kann dies eine gewaltige negative Wirkung entfalten.

Schwarzmagier haben gewisse Charaktereigenschaften, die immer wieder zu finden sind:

Sie sind extrem hartnäckig und können nicht loslassen.

Ich habe viele Jahre für eine Familie gearbeitet, die in der dritten Generation von ein und demselben Schwarzmagier angegriffen wurde!

Leider kann man den Engeln keinen Dauerauftrag für die Zukunft geben. Wenn ein neuerlicher Angriff erfolgt, muss auch

wieder ein Reinigungsgebet gesprochen
werden.

Gebet

Lieber Erzengel Michael, lieber Erzengel Gabriel, lieber Erzengel Raffael, lieber Erzengel Uriel und liebe Heerscharen von Engeln

Bitte neutralisiert alle schwarzmagischen Aktivitäten, Sprüche und Rituale sowie die Wirkung aller schwarzmagisch aufgeladenen Gegenstände, Ritualgegenstände, Symbole, Kristalle, Gerätschaften, elektronische Gerätschaften und Voodoo-Puppen, die gegen ... gerichtet sind, und erklärt sie in ihrer Wirkung für null und nichtig.
Bitte entsorgt und transformiert das gesamte schwarzmagische Feld.
Bitte reinigt ... und sein Feld von allen schwarzmagischen Energien, Flüchen und Verwünschungen und transformiert und entsorgt diese nach Eurem Ermessen.
Bitte durchtrennt alle energetischen Verbindungen und verschließt und versiegelt alle Wurmlöcher zwischen ... und dem (den) schwarzmagischen Angreifer(n).
(Ggf. auch den Wohnort mit einbeziehen!)

Danke, danke, danke

Amen, Amen, Amen

Manipulationen an Büchern, Flyern und Webseiten

Bücher, Flyer und sogar Webseiten können von Schwarzmagiern mit negativen Energien belegt werden.

Das hat zur Folge, dass der potentielle Kunde das Buch oder den Flyer als unangenehm empfindet.

Er entscheidet sich, den Flyer nicht mitzunehmen oder das Buch nicht zu lesen, obwohl sie vielleicht wertvolle Informationen für ihn enthalten. Webseiten werden weggeklickt, bevor man sie überhaupt richtig gelesen hat.

Mehrere Kollegen berichteten mir von einem Buch, in dem es ebenfalls um Fremdenergie geht. Sie haben es in ihrem Ofen verbrannt, weil die Energie so unerträglich war!

Inhaltlich ist dieses Buch durchaus in Ordnung, der Autor hat aber versäumt, es vor energetischen Angriffen zu schützen.

Ich gebe mich keinen Illusionen hin: Dieses Buch werden nicht nur Menschen lesen, die reinen Herzens für sich und andere Heilarbeit machen wollen, sondern auch diejenigen, die der dunklen Seite dienen und die Verbreitung dieses Wissens verhindern wollen.

Nun weißt Du, warum ich Dich am Anfang darum gebeten habe, ein Reinigungsgebet für dieses Buch zu sprechen.

Hier ist eine ausführlichere Variante dieses Gebetes, die auch die energetischen Verbindungen und die Wurmlöcher einbezieht.

Gebet

Lieber Erzengel Michael und liebe Heerscharen von Engeln

Bitte reinigt dieses Buch (diese Flyer, diese Homepage) von allen fremden, schwarzen und negativen Energien und transformiert und entsorgt diese nach Eurem Ermessen. Bitte durchtrennt alle energetischen Verbindungen und verschließt und versiegelt alle Wurmlöcher zwischen diesem Buch (diesem Flyer, dieser Homepage) und den schwarzmagischen Angreifern.

Danke, danke, danke

Amen, Amen, Amen

P.S.: Natürlich kann auch jeder andere Gegenstand schwarzmagisch belegt sein, zum Beispiel ein Schmuckstück oder ein Brief. Frage es kinesiologisch ab und passe das Reinigungsgebet entsprechend an.

Energetische Umpolung

Ich frage standardmäßig nach falscher energetischer Polung des Klienten und seines Wohnortes.

Eine falsche energetische Polung entsteht sehr leicht. Bei fremdenergetischen Belastungen ist sie fast immer vorhanden.

Aber auch Krankheiten, Stress und zwischenmenschliche Spannungen können eine falsche energetische Polung hervorrufen.

Du kannst da sehr ins Detail gehen und kreativ sein. Alles kann falsch gepolt sein: Einzelne Organe, grade wenn sie geschwächt oder gestresst sind, Nerven oder Nervenzentren im Rückenmark, ganze Organsysteme oder Körperbereiche, zum Beispiel nach Operationen, materielle Gegenstände, wie zum Beispiel Autos, Computer oder Telefone.

Das Büro oder das Geschäft Deines Klienten kann falsch gepolt sein.

Sogar virtuelle Dinge wie das Bankkonto oder die Website können betroffen sein!

Wir müssen hier nicht diskutieren, ob die richtige Polung links- oder rechtsherum ist. Es ist keineswegs so, dass alles rechtsdrehend sein muss.

In der Natur gibt es sowohl rechtsdrehend als auch linksdrehend und beides ist notwendig.

Beispiele sind die rechts- oder linksdrehenden Milchsäuren, oder beim Wetter das rechtsdrehende Hochdruckgebiet und das linksdrehende Tiefdruckgebiet (Auf der Südhalbkugel der Erde ist es genau umgekehrt!).

Manchmal ist gar kein Spin, also keine Drehung vorhanden.

Das bedeutet, dass überhaupt keine Energie fließt.

Frage einfach: "Ist die Person / der Wohnort falsch gepolt?"

Sicherheitshalber solltest Du die Frage auch umkehren: "Ist die Person / der Wohnort richtig gepolt?"

Die Engel wissen, welche Polung richtig ist, und bringen das in Ordnung.

Gebet

Lieber Erzengel Michael, lieber Erzengel Gabriel und liebe Heerscharen von Engeln

Bitte macht eine energetische Umpolung für ... und seinen Wohnort. *

Danke, danke, danke

Amen, Amen, Amen

* Du kannst dieses Gebet hier um alle Details erweitern, die Du gefunden hast.

Elektrosmog

Elektrosmog ist natürlich keine Fremdenergie im klassischen Sinne. Er wirkt jedoch durchaus ähnlich.

Tausende von analogen und digitalen Fre-
quenzen schwirren permanent durch unser
Gehirn und unseren Körper und erzeugen
Stress, ohne dass wir uns dessen bewusst
sind.

Da sind sämtliche Fernseh- und Radiofre-
quenzen von UKW bis Langwelle, Polizei-
funk, Mobilfunk, W-LAN, GPS, Stromnetz,
Hochspannungsleitungen, die teilweise
drastischen Elektrosmogbelastungen von
Bahn, S-Bahn und Straßenbahn, der Mikrowellen-Herd zu Hause und vieles mehr.

Elektrosensible Patienten berichteten mir
von einer erheblichen Verschlechterung ihrer Symptome nach der Einführung von
LTE.

Nur wenige Elektrosmog-Quellen lassen
sich abschalten.

Verbanne bitte den Mikrowellen-Herd aus
Deinem Leben! Er ist nicht nur selber eine
Strahlenquelle, er vergiftet auch die Le-
bensmittel mit Elektrosmog!

Ich hatte einmal eine Klientin, die hochgradig allergisch auf fast alle Lebensmittel
war. Sie musste die Palette ihres Speise-
planes immer mehr einschränken, bis

letztlich nur noch Karotten und Kartoffeln übrig blieben.

Sie ist von einer Koryphäe zur nächsten gereicht worden, ohne jeglichen Erfolg. Schulmedizinisch war sie scheinbar gesund. Eine Ärztin mit dem Spezialgebiet Allergologie vermittelte sie an mich, um ihr Haus geopathisch zu entstören.

Nach getaner Arbeit gingen wir noch gemeinsam eine Liste von Elektrosmog-Quellen durch. Dabei stellte sich heraus, dass sie ausnahmslos sämtliche Lebensmittel mit dem Mikrowellen-Herd zubereitete!

Ich habe ihr geraten, ihn niemals wieder zu verwenden. Danach verschwanden auch die Allergien!

Die Engel können Elektrosmog aus den Menschen sehr gut entfernen. Das hält zwar nicht sehr lange, da wir weiterhin dem Elektrosmog ausgesetzt sind, es wirkt aber wie ein Reset.

An Wohnorten ist der Effekt leider nur gering, da ja die Elektrosmog-Quellen immer noch vorhanden sind.

Bitte schalte zumindest Dein W-LAN ab, wenn Du es nicht brauchst, besonders nachts.

Ich sehe mit Grauen auf die derzeit als Lösung unseres Mobilitätsproblems propagierten Elektroautos!

Ein Kunde von meinem Geschäftskollegen bekam in seinem Tesla-Roadster so heftige Hautausschläge, dass er ihn wiederverkauft hat! Da kommen noch Probleme ohne Ende auf uns zu!

Geopathie

Unter geopathischen Belastungen an Wohnorten verstehe ich geopathische Linien und Gitter, die Curry-, Benker- oder Hartmanngitter genannt werden, Wasseradern und Verwerfungen.

Außerdem gibt es persönliche Linien, die zum Beispiel durch nachbarschaftliche Streitereien entstehen können.

Die Engel können diese Belastungen zwar nur minimal reduzieren, da sie die Quelle als solche nicht beseitigen können (Ausnahme: persönliche Linien).

Es ist aber wichtig, nach geopathischen Belastungen zu fragen, da sie eine erhebliche Rolle bei vielen Erkrankungen und verzögerten Heilungsprozessen spielen können.

Ich verwende dafür eine willkürliche Skala von 0 - 10. 0 bedeutet keinerlei geopathische Belastung und kommt fast nie vor. 10 ist eine extrem hohe geopathische Belastung, 5 eine durchschnittliche.

Eine effektive geopathische Entstörung ist die Methode von Slim Spurling und ist nur vor Ort möglich. (10)

Ich biete geopathische Entstörungen und Seminare an, in denen Du diese Methode lernen kannst.

Bei Krebserkrankungen gibt es vier wichtige Punkte, die immer beachtet und nach Möglichkeit
beseitigt werden sollten:
- Geopathie
- Besetzungen
- Schwermetallvergiftung und
- Seelische Traumen

Gebet

Lieber Erzengel Michael und liebe
Heerscharen von Engeln

Bitte reinigt und heilt diesen Wohnort von
allen Belastungen durch Geopathie und
Elektrosmog und transformiert und
entsorgt diese Strukturen und Energien
nach Eurem Ermessen.

Danke, danke, danke

Amen, Amen, Amen

Verletzungen von Mutter Erde

Wir haben uns in dem Kapitel "Probleme mit Naturwesen" schon mit Verletzungen von Mutter Erde beschäftigt und werden in dem Kapitel "Historische Belastungen an Wohnorten" nochmals darauf zurückkommen.

Diesmal geht es um den Bezug zwischen dem Klienten und Verletzungen, die er – meistens in früheren Leben – Mutter Erde zugefügt hat.

Diese sind immer eng verbunden mit Verletzungen die Menschen angetan wurden.

Wir müssen begreifen, dass Mutter Erde und die Menschen unlösbar miteinander verbunden sind. Sie haben eine gemeinsame Matrix! Wenn wir sterben, verwandeln sich die Elemente, aus denen unser Körper besteht, wieder in Erde. Wenn wir geboren werden, entsteht aus dieser Erde unser neuer Körper. Während nach dem Ableben unsere Seele die Erde verlässt, ist sie - Mutter Erde - unser materieller Seinszustand zwischen den Inkarnationen!

Welche Verletzungen sind also so schwerwiegend, dass sie Mutter Erde und die Menschen dauerhaft beschädigen?

Dazu gehören Morde, Hinrichtungen, Hexenverbrennungen wie auch die zahlreichen Völkermorde in der Geschichte, zum

Beispiel an den Juden, Armeniern, Sinti und Roma, Hutu und Tutsi in Burundi und Ruanda oder das Massaker von Srebrenica.

Gebet

Lieber Erzengel Michael, lieber Erzengel Gabriel, lieber Erzengel Raffael, lieber Erzengel Uriel und liebe Heerscharen von Engeln

Bitte heilt Mutter Erde von all den Verletzungen die ... ihr in diesem (in früheren) Leben zugefügt hat.
Bitte heilt alle Menschen und Menschenseelen, die ... verletzt, verraten, gefoltert oder ermordet hat. *
Bitte erlasst ... seine karmischen Belastungen, sofern es die höchste göttliche Führungsebene erlaubt.
Bitte helft ..., auf den rechten Pfad zurückzukehren.

Danke, danke, danke

Amen, Amen, Amen

* Du kannst diesen Teil entsprechend abwandeln, wenn Du genauere Kenntnisse hast, um welche Art der Verletzungen es sich handelt.

Das Erbe des Holocaust

Ein Zeitzeuge hat einmal nach dem Zweiten Weltkrieg gesagt: "Ich war der einzige Nazi."

Was meinte er damit? Nun, nach dem Krieg waren plötzlich alle Nazis verschwunden, von einem Tag auf den anderen. Niemand wollte mehr dabei gewesen sein.

Das stimmt natürlich nicht.

Aus energetisch-spiritueller Sicht ist genau das Gegenteil der Fall.

Wir alle kennen den Begriff "Baby-Boomer". Gemeint sind damit die geburtenstarken Jahrgänge von Mitte der fünfziger bis Mitte der Sechziger Jahre des letzten Jahrhunderts.

Wer sind diese Baby-Boomer? Nun, es sind zu einem sehr großen Teil die reinkarnierten Seelen von all den Menschen, die im zweiten Weltkrieg getötet wurden.

Ihre Gesamtzahl wird auf 60-80 Millionen Menschen geschätzt.

Allein in Deutschland waren es circa 6,5 Millionen plus 6 Millionen ermordeter Juden.

Ein erheblicher Teil der Baby-Boomer sind also zwangsläufig reinkarnierte Nazis aus dem 2. Weltkrieg.

Bitte verzeihe mir, aber es muss gesagt werden - ein Teil dieser Nazis hat in den

Konzentrationslagern gearbeitet. Sie waren verantwortlich für die Höllenqualen, die den Juden angetan wurden, und für ihre massenhafte Ermordung. Da waren eben auch diejenigen dabei, die den Gashahn aufgedreht haben!

Es ist wahrlich nicht verwunderlich, dass wir in Deutschland eine große Gruppe von Rechtsradikalen und Neonazis haben.

Aber auch Menschen in der Mitte der Gesellschaft und mit einer eher gemäßigten Gesinnung können ihr inkarnatives Erbe nicht einfach abschütteln.

Was bedeutet das nun für unsere fremdenergetische Exploration?

- Das Gelübde des absoluten Gehorsams gegenüber dem Führer habe ich in dem Kapitel "Gelübde, Eide, Versprechungen" bereits erwähnt.
- Ich finde in einigen Protokollen aber noch zwei weitere Auffälligkeiten:
- Ganz extreme karmische Belastungen und
- Menschen, die extrem viele Seelenbesetzungen und unerlöste Energien von anderen Personen in Ihrem System haben. Es können Hunderte sein!

Das sind die Seelen der ermordeten Juden, die immer noch mit ihren Mördern verbunden sind.

Aus der Psychologie ist bekannt, dass zwischen Mörder und Opfer eine enge Verbindung entsteht. Diese Verbindung kann in der nächsten Inkarnation immer noch vorhanden sein!

Es ist ein großer Segen, wenn wir mit unserer fremdenergetischen Heilarbeit diesen Seelen helfen, ins Licht zu gehen und sich von ihren Peinigern zu lösen.

Für die Täter ist es eine große Hilfe, wenn sie durch die Gnade der Engel einen Teil ihres Karmas erlassen bekommen.

Gebet

Lieber Erzengel Michael, lieber Erzengel Andon, lieber Erzengel Gabriel
und liebe Heerscharen von Engeln

Bitte begleitet die vielen Seelen Verstorbener, die bei ... * sind, ins Licht und gebt ihnen alles, was sie auf diesem Wege brauchen.
Bitte helft ihnen jetzt, alle Verstrickungen zu lösen, die sie eventuell daran hindern Ihrem ureigensten Pfad zu folgen.
Bitte gebt diesen Seelen jetzt alle Heilung, die sie brauchen, und löst alle Schocks und Traumen in ihnen auf.
Bitte begleitet diese Seelen jetzt ins Licht.

Bitte erlasst ... seine karmischen Belastungen, sofern es die höchste göttliche Führungsebene erlaubt.
Bitte helft ... auf den rechten Pfad zurückzukehren.

Danke, danke, danke.

Amen, Amen, Amen.

Fremdenergetische Belastungen von Wohnorten

Immer wenn ich eine fremdenergetische Austestung und Reinigung für einen Menschen, ein Paar oder eine Familie mache, beziehe ich den Wohnort mit ein.

Es macht wenig Sinn, jemanden zu reinigen und seine Wohnung oder sein Haus bleiben ein energetisches Sodom und Gomorra.

Viele Themen kennst Du bereits, sie gelten für Menschen genauso wie für Wohnorte und ich möchte sie hier nochmals kurz zusammenfassen:

- Die verschiedenen Klassen von Wesen, die sowohl im Haus als auch in seinem Feld existieren
- Wurmlöcher und einschränkende energetische Verbindungen zwischen dem Wohnort und anderen Menschen bzw. dunklen Wesen
- Unerlöste Energien von Mitmenschen
- Manipulative Quantenfelder
- Belastungen durch schwarze Magie, Flüche oder Verwünschungen
- Falsche Polung des Wohnortes
- Belastungen durch Elektrosmog

Einige Themen kommen aber neu hinzu und sind spezifisch für Orte:
- Historische Belastungen

- Belastungen durch Geopathie
- Schwarzmagische Installationen im Haus und um das Haus herum
- Manipulationen an den Telekommunikationsanlagen

Diese Themen werden in den folgenden Kapiteln behandelt.

Historische Belastungen an Wohnorten

Mutter Erde ist ein fühlendes Lebewesen, genau wie wir Menschen. Sie will geachtet und respektiert werden und speichert alle verletzenden und negativen Ereignisse, die sich auf ihr zugetragen haben, selbst dann, wenn sie aus vorchristlicher Zeit stammen! Oft liegen mehrere Schichten historischer Belastungen aus verschiedenen Epochen übereinander!

Da sind zunächst Kriegsereignisse zu nennen. Der dreißigjährige Krieg, der Erste und der Zweite Weltkrieg haben den größten Teil Deutschlands und weite Teile Mitteleuropas in Mitleidenschaft gezogen.

Aber auch die Auseinandersetzungen zwischen den Fürstentümern im frühen Mittelalter und lokale Scharmützel sind hier zu nennen.

Ein weiteres dunkles Kapitel sind Hexenverbrennungen und Hinrichtungen.

Zwar ist aus den Geschichtsbüchern bekannt, dass es Hexenverbrennungen gab, der Umfang dieser Verbrechen an den heilkundigen Frauen (Hexe ist eine Verunglimpfung des Begriffes Hegefrau!) ist nach meinen Erkenntnissen jedoch noch viel umfangreicher als bisher angenommen.

Es war damals ein Leichtes, eine Frau als Hexe zu denunzieren und sie hatte bei dem folgenden Schauprozess kaum eine Chance sich zu verteidigen und ihr Leben zu retten.

Die Belastung von Mutter Erde hat weit über den eigentlichen Verbrennungsplatz hinaus gewirkt und wir müssen von einem Radius von einem bis eineinhalb Kilometern ausgehen!

Ich finde Hexenverbrennungsplätze fast überall in ganz Mitteleuropa. Ich dachte zeitweise, das sei vielleicht eine fixe Idee von mir, habe aber festgestellt, dass ich in Südspanien, Marokko, Asien und weiteren Orten in dieser Welt, für die ich bereits tätig war, solche Belastungen nicht feststellen kann.

Als dritten wichtigen Punkt möchte ich einen Blick auf unsere keltischen Vorfahren werfen.

Sie sind unsere spirituellen Ahnen. Die Verehrung der Naturgötter und magische Praktiken spielten bei ihnen eine große Rolle.

Leider gab es bei ihnen aber auch eine ganz schaurige Tradition, nämlich rituelle Menschenopfer. Archäologische Ausgrabungen an Keltenschanzen haben das inzwischen vielfach bestätigt.

Selbst diese Ereignisse, die zwei- bis dreitausend Jahre her sind, lassen sich heute noch als energetische Verletzung der Erde nachweisen!

Frage mit Deiner Testmethode genau ab, welche historischen Belastungen vorhanden sind, bei Kriegsereignissen auch wie viele.

Gebet

Lieber Erzengel Michael, lieber Erzengel Gabriel, lieber Erzengel Raffael, lieber Erzengel Uriel und liebe Heerscharen von Engeln

Bitte heilt Mutter Erde an diesem Ort * und in der näheren und weiteren Umgebung von allen Verletzungen, die Menschen ihr durch Kriegsereignisse, Hexenverbrennungen, Hinrichtungen und keltische Menschenopfer zugefügt haben. **
Bitte heilt die blutgetränkte, verbrannte und verletzte Mutter Erde an diesem Ort * und in der näheren und weiteren Umgebung.

Danke, danke, danke

Amen, Amen, Amen

* Setze hier bitte die genaue Adresse ein.
** Hier bitte die zutreffenden Ereignisse einsetzen.

Manipulationen an Wohnorten

Das Pedant zu Implantaten und Fremdkörpern bei Menschen sind schwarzmagische Installationen in und um das Gebäude.

Manchmal werden diese Installationen von Schwarzmagiern erschaffen.

Eine Frau hatte einen Laden mit einer wirklich originellen Geschäftsidee eröffnet, aber niemand kam.

Es ging so weit, dass Freunde sagten, sie hätten ihr Geschäft besuchen wollen, es aber nicht gefunden.

Ein hellsichtiger Freund von mir entdeckte, dass feinstofflich-energetisch zwei schwarze Balken über Kreuz an die Eingangstür des Ladens genagelt waren.

Er entfernte sie und am nächsten Tag standen die Kunden Schlange!

In den allermeisten Fällen kommen schwarzmagische Installationen aber von den reptiloiden Wesen.

Sie sind sowohl im Haus als auch außen um das Haus und eventuell auch um das Grundstück herum angebracht.

Diese können zum Beispiel die Form von Balken, Kuben, Oktaedern, Pyramiden oder Kugeln haben und behindern den Energiefluss.

In einem Haus voller feinstofflicher Barrieren zu leben und zu schlafen fühlt sich nicht gut an.

Auch die energetische Verbindung mit der Außenwelt ist blockiert, sodass keine positive Energie das Haus durchströmen kann und Freunde oder Kunden natürlich auch nicht gerne zu Besuch kommen.

Manipulationen an den Telekommunikationsanlagen

Wie gesagt, die reptiloiden Wesen sind sehr kreativ, wenn es darum geht, den Menschen das Leben schwer zu machen.

Eine Standardmanipulation ist die Blockade aller Telekommunikationsanlagen, also Festnetztelefon, Handy, Computer, E-Mail und Messenger-Dienste.

Wenn Du Dich also wunderst, dass seit Tagen Dein Telefon nicht mehr klingelt, dann kann es an diesen feinstofflichen Blockaden liegen.

Gebet zur Heilung von Wohnorten

Ich fasse in diesem Gebet alles zusammen, was wir in den letzten Kapiteln über Häuser und
Wohnorte erfahren haben, so dass Du eine vollständige Reinigung bewirken kannst.
Auch die historischen Belastungen sind noch mal integriert.
Dementsprechend ist dieses Gebet recht umfangreich.
Bitte passe es Deinen Testergebnissen entsprechend an.

Gebet

Lieber Erzengel Michael, lieber Erzengel Andon, lieber Erzengel Gabriel, lieber Erzengel Raffael, lieber Erzengel Uriel und liebe Heerscharen von Engeln

Bitte begleitet die Seelen Verstorbener, die an diesem Wohnort * und in seinem Feld sind ins Licht und gebt ihnen alles was sie auf diesem Wege brauchen.
Bitte helft ihnen jetzt alle Verstrickungen zu lösen, die sie eventuell daran hindern, ihrem ureigensten Pfad zu folgen.

Bitte gebt diesen Seelen jetzt alle Heilung, die sie brauchen und löst alle Schocks und Traumen in ihnen auf.
Bitte begleitet diese Seelen jetzt ins Licht.

Bitte entfernt alle Reptilien, Dämonen, teuflische Wesen und Schlangenwesen aus diesem Wohnort und seinem Feld.
Bitte löst all diese dunklen Wesen auf, sofern dies möglich ist, oder aber entfernt sie von Mutter Erde, bringt sie in ihre Dimension und sorgt dafür, dass sie niemals wiederkommen.
Bitte durchtrennt alle energetischen Verbindungen und verschließt und versiegelt alle Wurmlöcher zwischen dem Wohnort und den dunklen Wesen.

Bitte heilt Mutter Erde an diesem Ort und in der näheren und weiteren Umgebung von allen Verletzungen, die Menschen ihr durch Kriegsereignisse, Hexenverbrennungen, Hinrichtungen und keltischen Menschenopfern zugefügt haben.

Bitte reinigt und heilt diesen Wohnort von allen Belastungen durch Geopathie und Elektrosmog.

Bitte reinigt diesen Wohnort und sein Feld von allen unerlösten Energien, die Menschen dort hineingetragen haben.

Bitte entfernt alle schwarzmagischen Installationen und manipulativen Quantenfelder in und um diesen Wohnort und sein Grundstück.

Bitte entfernt alle Manipulationen an den Telekommunikationsanlagen.

Bitte transformiert und entsorgt all die genannten Strukturen und Energien nach Eurem Ermessen.

Bitte macht eine energetische Umpolung für diesen Wohnort.

Danke, danke, danke

Amen, Amen, Amen

* Setze hier bitte die genaue Adresse ein.

Mein Dank

Mein Dank, liebe Leserin und lieber Leser, gilt Dir. Du wagst Dich beherzt daran fremdenergetische Probleme zu analysieren und zu lösen. Dein Beitrag befreit die Menschen und trägt zur Heilung auf unserem Planeten bei.
Das Thema ist unter den Heilern leider chronisch unterbelichtet. Daher bin ich um jede helfende Hand dankbar und hoffe, dass sich mit diesem Buch das Wissen über Fremdenergie und ihre Lösung verbreitet.

Mein ganz besonderer Dank gilt den Engeln. Ohne sie ist diese Art der Heilarbeit nicht denkbar. ihre Hilfsbereitschaft, ihre Zuverlässigkeit und ihre Selbstlosigkeit sind atemberaubend.
Mögen sie uns immer zur Seite stehen!

Danke!

Kontakt

HP Lutz Michael Hellwig

Web: www.praxis-hellwig.de

Mail: l.hellwig@t-online.de

Literaturverzeichnis

1. **Castaneda, Carlos.** *Die Kunst des Träumens.* Frankfurt am Main : S. Fischer Verlag, 1994. ISBN 3-10-010209-6.

2. **Icke, David.** *Der Löwe erwacht.* s.l. : Mosquito-Verlag, 2011. ISBN 978-3-928963-45-9.

3. **Kasten, Len.** *Die Geheime Weltherrschaft Der Reptiloiden.* s.l. : Amra-Verlag, 2017. ISBN 978-3-95447-319-9.

4. **Hawken, Paul.** *Der Zauber von Findhorn.* München : Hugendubel Heinrich Gmbh, 1982. ISBN 3880340552 (ISBN-13: 9783880340558).

5. **Wilde, Stuart.** *Grace, Gaia, and the End of Days.* USA : Hay House, 2009. ISBN 978-1-4019-2006-7.

6. **Erlacher, Daniel.** Motorisches Lernen im luziden Traum. [Online] Universität Heidelberg, 2005. http://www.ub.uni-heidelberg.de/archiv/5896. URN: urn:nbn:de:bsz:16-opus-58962.

7. **Monroe, Robert A.** *Der Mann mit den zwei Leben.* München : Ansata-Verlag, 1981. ISBN 3715700408 (ISBN-13: 9783715700403).

8. —. *Der zweite Körper.* München : Ansata-Verlag, 1996. ISBN 3-7157-201-X.

9. **Buhlman, William.** *Out of Body.* München : Ansata-Verlag, 2001. ISBN 3-7787-7236-8.

10. **Spurling, Slim.** Slim Spurling. [Online] http://www.slimspurling.com/dowsing/.

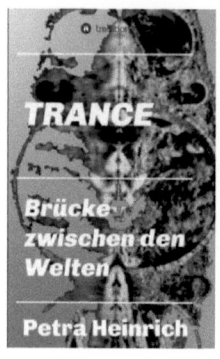

Trance - Brücke zwischen den Welten spricht angehende Therapeuten genauso an wie Privatpersonen, die auf dem Weg der Selbsterfahrung weitere Schritte gehen wollen.
Dieses Grundlagenwerk führt den Leser durch das gesamte Spektrum von Hypnose- und Trancetechniken in Theorie und Praxis.

Die Autorin

Petra Heinrich lebt in Lechbruck am See und arbeitet dort in eigener Praxis für transpersonale Psychologie und Psychotherapie sowie als freischaffende Künstlerin und Autorin.

Paperback ISBN 978-3-7469-3152-4
Hardcover ISBN 978-3-7469-3153-1
e-Book   ISBN 978-3-7469-3154-8